물과 풀에게 돌려주다

시와문화의 시집 034

물과 풀에게 돌려주다

양 원 시집

시와문화

■시인의 말

생각을 따라가지 못하는 말,
형체를 제대로 그려낼 수 없는 글.
체액이 모두 빠져나간 채 뒹구는 곤충의 형해,
무방비로 노출된 말 껍데기, 껍데기만 남은 글.

세월호와 촛불 항쟁에 관한 시를 모아
다소 어색한 조합이지만
이 시집에 포함하기로 한다.

2018년 12월
양 원

|차　례|

제2부 물의 목숨

제3부 도토리묵 술상

제4부 꽃으로 돌아오라

제1부
유달산의 꽃

봄

달려 나가 맞은 봄
언뜻 그가 낯설어
타박을 놓았는데
이내 알게 되었네
내 마음 변했음을

유달산의 꽃

유달산에 유독 꽃이 많은 이유는
발치께 시하바다에서 불어대는
시샘바람을 피해야 하기 때문이다
거품 물고 덮쳐오는 파도 때문이다
유선각의 시린 발목을 덮어주고
달성사의 그늘을 거두려 함이다

샛노란 영춘화에 붉은 동백
목련화 투명한 흰 꽃잎 사이
바위틈을 비집고 선 분홍 참꽃
그릇 가득 출렁이는 봄빛에 취해
저마다 터를 잡고 울타리 치고
꽃들은 지붕 낮은 집을 짓는다

3월 동백

부신 햇빛에도 저토록 천연덕스러운
부서져 내릴 듯 조화처럼 메마른
두껍디두꺼운 장식적인 얼굴
너와 함께 낮술에 흥건해져서
모든 붉은 꽃들을 지상에 불러 놓고
발목에 뚝뚝 피눈물을 뿌린다
제 몸 아래 절로 무수히 낙하하며
또 다시 겹겹이 죄를 짓고 있는
소멸되지 않아 슬픈 윤회의 수레바퀴여

봄꽃

꽃이 피어 바람이 거세지더니
새벽잠결에 빗소리마저 소란스럽다
방안의 한기를 손 휘저어 걷어내며
꽃의 숙명을 생각해 본다
그가 있어 절로 가련하다면
이 세상 무엇인들 슬프지 아니할까
피어나는 순간 지고 말지니
저 홀로 기쁜 것이 어디 있으랴
그와 더불어 모든 살아있는 것들이여
우리 모두 고요히 떠날 것임을
우리 모두 이미 알고 있지 아니한가

백일홍

바람 한 점 돌지 않는 돌담 정원
한여름 무더위를 견디며 백일 동안
붉은 꽃을 내보이는 배롱나무
너는 내밀한 인내로 수액을 끌어올려
마른 가지 끝 수많은 작은 꽃을
피웠다가 떨구고 다시 피우면서
비로소 한 송이 꽃이 되었다
살아온 날들의 그 많던 한숨과 눈물
속으로 감추고 품어 끌어안으며
끝내 너는 모양과 향기를 잃지 않는다

목련

잎눈마저 틔우지 못하는 그들 앞에
통 큰 꽃부터 피워내는 너의 무모함

겹겹으로 막아서며 중심을 지켜내는
시샘 바람에도 흔들리지 않는 배짱

참나무가 잎을 열고 벚꽃이 피고 나면
제 꽃잎 하나둘 홀연히 날려버리고

끓어올라 마침내 터져나는 너의 눈물
진초록 고운 잎사귀로 감싸 안으리라

가을 목련

이른 봄의 슬픔에 잠겨 있어
불임의 꽃인 줄만 알았더니

초가을 맑은 햇살 사이
손가락만 한 붉은 열매를 맺는다

흰 꽃 자줏빛 여린 꽃잎
바람결에 돋아난 초록 잎에 묻어두고

가는 가지 끝에 온 힘 모아
돌아오는 봄의 부활을 꿈꾼다

나팔꽃 씨

꽃씨를 털다가
까만 씨앗 한 톨이
철망 너머 시멘트 바닥으로 튀었다
손을 뻗어도 닿지 않는 먼 그곳으로
씨앗 한 톨이 떨어져 나갔다
봄이 돌아와도
봄비가 내려도
싹을 틔울 수 없는
돌아오지 못할 내년
홀로 버려진 나팔꽃 꽃씨 하나
돌아서 오는 길
떠난 그가 슬퍼 나는 울었다

가을 나팔꽃

철 지나 핀 나팔꽃을 보고도
봄부터 애태웠던 제 생각이 앞서
찬바람 속 짧은 볕에 서러울
남의 속은 미처 헤아리지도 못한다

이슬 내려 한기 도는 새벽녘
간신히 뻗어 올린 덩굴손에 기대
마른 잎사귀 아래 숨어 피어난
기약 없는 애처로운 목숨이여

간신히 비켜 선 한켠 구석에서
이듬해 찾아올 봄비 기다려
붉은 보랏빛 한껏 짙은 입술로
이제야 때맞춘 수줍은 웃음 짓는다

바람꽃

어떻게 여기에 와있는가
언제부터 여기에 서 있었던가
오늘에야 비로소 너를 알게 된다
손바닥 꼴로 갈라지는 잎사귀
흰색 꽃받침 위에 피어나는 노란 꽃
어느 산골 모퉁이에서
앵초 또한 자주색 꽃을 피우고
노루오줌은 그 억센 꽃대를 세우고 있다
내가 지금 여기서 너를 만나는 것은
지난 가을 땅에 떨어진 너의 씨앗 때문이다
봄에는 무성하게 풀잎을 내고
여름이 되면 꽃으로 피어날 것을
얼어붙은 흙 속에서도 떨지 않고
어둠 속에 갇히면서도 두려워 않는
너는 내게 약속했다
꽃이 진들 몸체가 부서진들
뿌리를 키워내는 씨앗 한 톨이라고
이곳에 다시 뿌려진다고
또 다시 바람꽃으로 피어난다고
앵초 노루오줌으로도 살아난다고
너는 내게 굳건한 다짐을 했다

풀

잠자리 날개에 실려온 마른 풀 내음
지난여름의 뜨거웠던 질주는 멈추고
서둘러 퇴조의 길로 들어서는 중이다

가을은 조심스레 계절의 끝으로 가서
맹렬했던 지난 한 생을 응시하고 있다
녹색 물 짙었던 풀들도 키를 낮춘다

마지막 길목에 선 가녀린 풀들 일제히
화단 모서리 너머 처마 그늘 아래
소리 죽이며 무릎 꺾은 채 뒤엉겨 있다

그들끼리 쇠약해진 마른 어깨를 겯고
맑고 푸른 햇살 속 세찬 바람을 타고
흘려보낸 세월의 아픈 기억을 더듬고 있다

풀꽃

햇빛 속에 드러나는 선연한 빛깔
소박하지만 섬세하고 별난 모습으로
풀숲에 자리 잡은 자유로운 내도

멀찌감치 스쳐 지나가며 슬쩍 눈길을 준다
혹여 오래 들여다보면 여윈 몸을 움츠리고
손이라도 뻗칠라치면 저 홀로 시들고 만다

눈에 보이지 않고 귀로도 들리지 않는
메마른 땅에 간신히 돋아난 너의 운명
주어진 목숨만큼은 뿌리 깊이 지키고 섰다

봄비

아침에 시작했던 비가
게으른 늦은 낮잠을 깨우며
오래오래 내리고 있다

지치지 않고 싫은 기색도 없이
살금살금 봄을 살피러 와서
굽은 잔등을 톡톡 두드리고 있다

가늘고 약하게 스며들어
저 스스로의 모습은 묻고
가만가만 대지를 흔드는 중이다

제 몸 녹여낸 부드러운 흙 속
깊은 뿌리를 북돋워
무수한 연두 싹을 틔워준다

잰걸음으로 다가오더니
자유롭고 따스한 땅에 머물며
시나브로 그 봄을 재촉하고 있다

유달산 둘레길

햇빛을 한 움큼 꺾어 쥐면
투명한 파편으로 부스러진다
고운 바람결을 헤쳐 나가면
초록의 잎들이 앞서 막아선다
가파른 그늘 길로 접어들자
떨어져 흩어진 꽃잎이 지천이다

수풀 사이 언뜻 나타난 바다는
푸르고 흰 낯빛을 보여주더니
뒤돌아서 이내 자취를 감춘다
아랫길로 접어들며 다시 그를 찾으니
저 먼저 앞질러 내려가 있다
길보다 낮은 그곳을 떠돌고 있다

내 마음의 바다

언덕 아래 멀리 선창을 돌아서는
비단을 깔아 호수처럼 푸른 바다
신 새벽 출항하는 작은 어선을
흰 포말 긴 띠로 따라나서는 바다

섬 하나 건너 좁은 수로를 지나면
멀리 길게 수평선을 펼쳐 놓는 바다
수면의 물고기를 낚아채는 바닷새
바람이 세운 물결 일렁이는 바다

거친 손과 억센 어깨 부딪치며
땀과 노동의 깃발을 펄럭이는 바다
만선의 푸른 열망에 들뜨는
집어등에 비친 구릿빛 환한 바다

휴식과 식사와 수면으로 고요한
서쪽 하늘 노을에 비낀 저녁 바다
달빛 별빛 아래 귀항의 돛을 달고
내 마음 속을 질주하고 있는 바다

제2부
물의 목숨

흰 마음

당신이 감아주었던
내 손목의 노란색 실끈
물이 빠져 빛이 바랬다

당신 때문에 멍든
내 마음속 푸른 그리움
얼마나 더 애를 태워야
물에 씻긴 백골처럼
희디흰 마음이 될까

그리움

달궈진 쇠를 찍어 늘리듯
지난 기억의 벽돌을 깨부수니
화석처럼 굳어 있던 그리움이
안개 속에 불빛으로 깜박 살아난다
낙숫물 한 방울 뚝 떨어져
가슴에 번지며 살아나는 아픔
바람소리 요란한 폐허에 서서
깊게 패인 상처를 어루만진다
견딜 수 있는 외로움이란 어디에도 없으므로
너를 향한 그리움이 거세질수록
차라리 나는 마음 감옥에 든다

물의 목숨

깨지도다!
검고 단단한 벽에 부딪쳐
순결한 흰 피를 허공에 흩뿌리도다

하염없는 전진의 발걸음으로
무한의 세계 어디에도 스며 있는
끈질긴 무형의 형체여
모서리 서로 다듬어 합치는도다
맑고 둥근 거대한 원형(原形)

의탁했던 육신은 썩어진대도
더불어 일구었던 형형한 정신
펄럭이던 항해의 돛을 내리고
오랜 고향으로 그만 돌아가도다

암흑의 깊은 골짜기에
잠들어 있는 정직한 시간이여
허기를 멈추고 벌떡 일어서
빛과 어둠이 교차하고
차가움과 뜨거움이 부딪치는

저 망망한 우주의 끝까지 가보자

황망해진 진실을 깨워
무리지어 건너간 태초의 중심
검붉은 무수한 핏방울로 맺히어
심장에 닿는 출렁이는 혈관을 타고
우주의 종말에 이르러
마침내 한 방울 툭 떨어지도다

중력(重力)

수액이 관을 타고 내려오더니
중간 지점에서 방울로 맺혀
하나씩 똑똑 구르듯이 떨어진다
팔뚝 혈관을 통해 몸속으로 스며든다
너의 아래로 향하는 마음이
나를 살린다
타는 입술을 적시고
젖은 몸을 일으켜 세우는 힘
서로를 당기는 결코 사라지지 않는 힘
너의 힘으로 나는 산다
땅에 떨어져 싹을 틔우고
바닥에 닿아 흔들리지 않게
그만 떠돌고 이제 정착하거라
비상한 마음이 되어야
비로소 아래로 내려가게 된다
불붙는 가속도는 버려두고
천천히 내려가자
저 아래 더 깊은 곳으로
헤어지지 말고 함께 내려가자

밥 한 그릇

주걱으로 한번 퍼 담고
숟가락질 열 번 하니
한 끼 식사가 끝났다
지 아무리 큰 뱃속이라도
서너 번 더 뜨면 족하거늘
어찌 상머리를 떠나지 못하는가
나이 들어 양이 줄수록
목구멍 욕심은 점차 커지나니
가득 채울 배가 작아
쌓아둘 곳간부터 찾는다
숨겨둔 뒷문으로 나가 보니
처마까지 닿은 쌀가마니
바구미 먹고 쥐들이 달려든다
죽어 한 톨 가져가지 못하노니
땅에 떨어진 밥 한술이라도
털고 먹으면 그만 아닌가
이승의 반듯한 작은 밥 한 그릇
굶는 배 없이 함께 나누면 좋으리

그림자의 속성

나와 함께 움직이는 그림자
내가 나서면 조용히 뒤를 따르고
내가 돌아서면 그가 앞장선다
빛에서 멀어질수록
점점 커지며 희미해지다가
어둠 속으로 들어가면 이내
그는 흔적을 지우고 사라진다
굳이 나오라고 부르지 않아도
내가 빛 속으로 나오는 순간
그 역시 불쑥 나타난다
내가 빛과 어둠속을 오가는 동안
그는 한번도 반란을 꿈꾸지 않았다
빛과 어둠이 있는 한
그는 내게 매여 있다

삶의 길

신호마다 붉은 등에 걸리면 손해 본 듯하다
황색등에 멈추기 싫어 살짝 넘어가기도 하는데
분명 다음 신호등에서 정지 신호에 걸리고 만다

막힌다고 무리하게 차선을 변경하면서도
내 앞에 끼어드는 차엔 사정없이 경적을 울려대며
뵈지도 않는 상대를 향해 욕도 퍼붓는다

연동작동하며 길을 트는 녹색등에 환호하며
이리저리 빠져나가며 가끔 신호도 위반하면서
질서를 어지럽히는 운전 능력에 스스로 대견해한다

아등바등 달려온 길 도착한 뒤에야 알게 된다
스스로는 선이고 타인은 악이라는 믿음이
그것이 아니라는 길 비로소 깨닫게 된다

양재기

새벽에 라면을 끓었던
양재기가 개수통에 들어 있다
하루치의 식량을 벌다 지친
늦은 밤 다시 손쉬운 너를 찾는다
노란 칠이 벗겨져
알루미늄 흰 속성을 드러낸 채
귀가 찌그러져 있는 너
식어빠진 고구마를 몇 개 담고
이리저리 방바닥을 굴러다니다
발끝에 채이기도 하고
함부로 내던져지기도 한다
헐렁한 껍데기만 던져줘도
무엇이든 받들어 담아주고
누구에게든 가볍게 쉬이 들려지니
너를 다룰 때는 조심성도 없다
들러붙은 밥찌꺼기
단 한번의 행주질로 끝내도
말 없이 헌신을 준비하는 너
죄 없이 구석에 몰려 있는 너
고개 떨구어 외로움을 견디는 너

그런 네게 나는
에이 이 못난 놈 하며
오늘도 어김없이 발길질을 해댄다

꿈

가을에 핀 해당화 찾아
바닷가 육지로 올라온 목선
폐허의 땅을 비치는 햇살 아래
마른 땅을 잠시 적신 빗방울
반투명 유리 너머 서린 그리움

경련에 떠는 근육들
흥건히 젖은 잠자리로 찾아온
주검으로 떠오른 물고기
이마를 스친 선연한 칼자국을
주먹 쥐어 훔쳐 닦으며 쫓겨간다

뒤돌아 헛걸음질 치며
선불리 빨려 들어간다
깊고 어두운 검은 아가리 속으로
다급한 목소리는 잠겼다
누구의 손도 보이지 않는

까마득한 낭떠러지
계곡 아래로 무한정 추락한다

사지를 뒤틀며 허우적대다
마침내 깨뜨리고 탈출한다
허공에 부딪쳐 깨진 무서운 꿈

두 얼굴

허리 곡선이 매끄러운
티 하나 잡히지 않는
연황색 고운 양은그릇
시간의 처음 줄에 서있는
어리어리 서툰 낯선 새 얼굴

갖은 천대 발길에 채여
찌그러져 패인 곳마다
암녹색 녹이 박힌 양재기
주름 깊은 상처투성이
세월의 구릿빛 녹슨 얼굴

변기를 닦으며

하얗게 윤기 나는 변기에도
검은 때가 쉽게 끼는 것은
매끄러운 자기 안팎 어딘가에
들러붙을 빌미가 있기 때문이다
내 속에 들러붙은 찌꺼기
겹겹이 무수히 쌓여
힘들여 닦아도 깨끗해지지 않는다
고약한 성래 때문일 것이다
닦아 놓은 변기는 빛이 나건만
거뭇거뭇 때를 못 벗긴
내 속은 아직 정화 중이다

아메바를 생각하다

밑을 닦은 손으로 입술을 훔친다
항문보다 더러운 것이 입이다
입은 세균의 집으로 닦이지 않지만
항문은 씻으면 말끔해진다
입은 먹을 것을 찾아 헤매다가
더 만난 것을 위해선 말을 꾸미기도 한다
입은 점차 진화하여 다기능이 된 반면
항문은 여전히 배설 하나로 단순하다
입은 크고 교묘해 두렵기만 하지만
항문은 숨어 있어 전혀 무섭지 않다
뒤에 남아 묵묵히 감내하는 항문보다
침 번들내는 입을 먼저 막아야 한다

단물 빨기

마른 대추를 물에 불렸다가
표면에 거친 칼집을 낸 다음
펄펄 끓는 물에 넣어 단맛을 빼낸다

단 내음이 실내에 가득 퍼지면서
물은 점차 진홍색 단물로 변해간다

녹색 잎사귀 뒷면 보이지 않는
서늘한 그늘에 숨어
수액을 빨아 몸집을 키우는 진드기
돈에 붙어 명예에 빌붙어 바동대며
벌건 대낮에도 무난히
제 몫을 챙겨가는 인간

이제 다음 차례는 생강
알싸한 매운 맛에 깃든 향
재빨리 몰래 빼내기 위해
가능한 한 얇게 편으로 썰어넣고 끓인다

로봇 청소기

그에게는 빛도 어둠도 없다
입력된 지시에 따라
전파를 발사하고 다시 받아 적으며
방 안을 휩쓸고 다닌다

그에게는 두려움도 없다
모서리를 만나면 멈춰서고
문턱 앞에선 아슬아슬 돌아선 후
다시 오로지 직진이다

그는 결의에 가득한 전사다
한 톨 미세 먼지라도 있다면
좁은 공간에도 파고들고
어둠 속 어디든 침투한다

그는 처세에도 능하다
기둥이 막아서면 뒷걸음질 치고
구덩이에 빠지면
몸을 좌우로 흔들며 탈출한다

그러다가 어느 순간
길게 늘어진 제 목숨 줄에
발목이라도 붙잡히면
목숨 따위 진즉에 버릴 각오로 있다

인조인간

SF 영화 속 인조인간처럼
눈에 신물질 시술을 받았다

백내장 수정체를 교체했더니
뿌옇던 시야가 한결 밝아졌다

닳아빠져 소심해진 심장을 바꾸면
식어 없어진 열정도 되살아날까

머리 한켠에 날선 칩을 박으면
약삭빠르게 억만금도 벌 수 있을까

개조 인간이 인간을 지배하는
신시대가 저만큼 다가오고 있다

제3부
도토리묵 술상

땅콩

새댁 딸이 시집에서 보낸 땅콩을
지난 추석에 가져와 쪄놓고 갔는데
알이 덜 차 외피가 무른 것들은
곰팡이가 슬고 상태가 나빠져서
껍질을 벗겨 알의 수분을 날렸다
부드럽고 고소한 맛이 입에 감겼다

피콩으로 남은 양이 아직 솔찬해서
바람 통하는 곳에서 햇볕에 말려
껍질을 깨고 알콩으로 만들었다
오래 보관할 요량이 앞섰지만
실은 불면의 가을밤을 타작해보려는
수작이 속마음에 깃들어 있었다

일로 오일장 참기름 집에 가면
인근 마을에서 생산해 내놓은
손가락 마디만 한 분홍빛 실한 땅콩을
눈으로 즐겨 만나볼 수 있다
이번엔 비록 껍질 깨는 수고에 그쳤지만
아심찮게 한 됫박이나 건져 대견하다

땅콩 욕심이 더욱 자라나더니
내년 봄 농사 설계에 분주하다
이웃 텃밭머리 한 자락이라도 얻어
초록 잎이 무성한 땅콩 밭을 만들자
씨앗은 파종 직전 탈각해 만들면
발아율이 높다는 말도 곁들였다

타원형 반듯한 비린 날콩을 볶아
손가락으로 비틀어 내피를 벗기면
미끈한 눈부신 흰 속살이
담담하면서도 달큰한 맛을 낸다
잘게 부숴 쌀죽을 쑤니 입에 붙고
기름을 짜면 향은 더욱 짙어진다

도토리묵 술상

칠 벗겨진 알루미늄 쟁반에 내온
묵 한 접시에 막걸리 한 주전자
늦여름 대흥사 오리 긴 숲길을
부자지간 앞서거니 뒤서거니 걸어 나오다
평상에 그늘 내린 단풍나무 고목을 본다
땅 위로 불거진 굵은 뿌리와 단단한 몸통
진초록 잎사귀가 내뿜는 비릿한 냄새
가지들 사이 부챗살처럼 스며드는 햇빛
막걸리 한 모금 꿀떡 목 넘기시던 아버지
생전의 당신과 마주했던 마지막 술상
상추 겉절이 묵 한 접시에 애태웠던
그 날 오후가 너무나 그립습니다

수박

수박은 왜 둥글게 생겼을까?
매끄러운 표면에 칼이 미끄러지면서
왼손 검지를 베였다
그러고 보니 열매나 씨앗치고 네모난 것은
별로 없는 것 같다
세상 모든 근본은 원형
생명의 구심력이 가운데 모인다
반쪽으로 수박을 쪼개고 보니
붉은 살에 점점이 박힌 타원형 까만 씨앗들
무수한 별들을 담은 우주는 어떤 형태일까?

연(蓮)

흙탕물 속에 던져진
단단한 뿌리 하나
올곧게 뻗어 오른 꽃대 위
한 장의 초록 너른 잎
오직 한 빛으로 피어난
한 송이 하얀 꽃
뜨거웠던 여름밤을 견디고
차운 새벽 하늘 향해서
오므린 잎 속에 이슬 한 방울 머금고
깊이 울어 속을 통째로 비워 낸
결코 곁가지를 치지 않는 너
경계 너머 아스라이
저 홀로 서있구나

무

채소 물 내린다고 삶다 보면
속의 것은 빼주지만
겉모양은 본디 모습 그대로다

젓가락으로 날카롭게 찌르면
온몸으로 받아들일 뿐
처음 모습을 흩트리지 않는다

채 썰어 소금으로 수분 빼내고
다진 마늘 고춧가루에 비벼대도
끝내 제 모습을 놓지 않는다

살아있는 동안은 저를 지키다가
비로소 입 속에 들어가면
흔쾌히 몸을 내주고 기꺼이 사라지는

토란

우산처럼 넓게 퍼진 푸른 잎 아래
빗물 받아 방울방울 흘러 보내 키운
무리 지어 서로 뒤엉킨
기름진 땅 속 둥근 알토란

포근한 맛, 매끈한 맛, 구르는 맛, 안기는 맛, 엉기는 맛, 끈적이나 달라붙지 않는 맛, 밀리며 천천히 가라앉는 맛, 퍼지며 눌러앉는 맛, 흩어지며 사라지는 맛, 물러서는 맛, 그냥 무너지는 맛, 끝내 향기를 내지 못해 혀를 굳게 하는 맛

닭 껍질 기름 국물과 어울려
혀끝으로 입술을 훔쳐야 하는
제 속으로 더욱더 부드러워진
마지막 한 알까지
내년 가을 거둘 때까지
아끼며 두고두고 먹어야 하는
아린 손을 잡고 함께 걸어가야 할 당신

하지 감자

감자 줄기를 뽑으면
크고 작은 감자 알이 줄줄이 딸려 나온다
주먹만 한 땀방울들이 땅 위에 떨어진다
흙을 털어낸 감자 한 소쿠리
솥바닥에 그릇 엎어 물로 쪄내면
까슬까슬한 껍질이 절로 벌어져
푸슬푸슬한 경쾌한 맛을 보여준다
하짓날 수확 때에 맞춰
신안 앞바다 병치도 씨알이 굵어간다
감자는 껍질 째 두껍게 편 썰어 바닥에 깔고
한껏 살이 오른 병치에 칼집을 내어 올린다
고춧가루 양념장을 끼얹어 자작하게 조려내면
한여름 흘린 땀도 날려보낸다
올망졸망 자루 속에 한가득 담긴
투명한 갈색 껍질 속
속마음 다 드러내도 부끄럽지 않은
오랜 친구처럼 든든한 하지 감자

양파

비탈진 황토밭에서
사나운 바닷바람 맞고 크는
양파는 강한 향에 힘이 세다
밑동이 들 무렵에는
푸르게 웃자란 잎줄기를 쳐주어야
단단하면서도 둥글게 모양이 잡힌다
황금 껍질 속에 감춰진
차고 매끄러운 순백의 속살
베어 물면 단물이 뚝뚝 흐르면서도
눈물을 돌게 하는 매운 맛
장아찌를 만들어도 좋고
고춧가루 김치를 담가도 그만이다
잘 익은 후에 찌개를 끓이면
밥반찬보다는 안주로 제격이다
몸속에 절로 스며들어
온갖 찌꺼기를 녹여내는
양파는 그래서 힘이 세다

생강

향기롭고 알싸한 생강차를 마시며
연회갈색 얇은 막으로 둘러싸인
동글동글 엉겨 붙은 너의 형태를 본다
껍질 벗기기가 이토록 까다로운 것은
속의 향을 쉬 보이지 않겠다는 것이요
오직 한 사람에게만 전해주겠다는 것이니
오래 깊이 간직해 온 너의 순정이야말로
내 마음을 슬쩍 건드는 참 매운 맛으로
함께 온전한 기쁨으로 너와 마주할지니
너의 투명하게 번지는 은은한 태도여

감태

늦가을에 들면 걷기 시작하는
갯벌에 피는 푸른 꽃
섬섬하게 간을 맞춘 다음
잔 파를 썰어 넣고
다진 홍고추로 멋도 부려보고
통깨를 살짝 뿌려 얹어 먹는
쌉쓰레하면서 단맛이 살짝 도는
고추냉이 향을 내는 너
세상살이 쓴맛을 아는 너
네게 사랑을 맹세한 적은 없다만
내생이 있다면
기어이 너를 찾아보리라

굴과 석화

두 얼굴의 여인
굴이라 부르면
매끈한 알이 되어 부드럽고 달콤하고
석화라 부르면
강하고 기묘한 껍질을 둘러쓴 채
다정한 그대의 향기 바깥으로
어느 누구도 도망칠 수는 없다
채 썬 무와도 쉽게 어울리고
뜨거운 쌀밥 위에
바싹 구운 김에 얹어도 좋다
붙임성 있는 그대의 짝이 되지 못하는
세상의 그 어떤 것도 없다
쓴맛만 보고 사는 내게
눈이 내리는 바닷가 천막집에서
그대는 서늘한 계집애의 눈빛으로
물회의 단맛을 슬쩍 보여주기도 한다

민어

아버지가 지고 가는 바지게 양 옆으로
대가리와 꼬리가 삐죽이 튀어나왔다
멸치나 전어라도 천대하지는 않지만
한 발이 넘는 너는 보기만 해도 오지다
심해에서 큰 부레 강한 심장으로 살다가
그물에 걸려 물 밖으로 끌려 나올라치면
두말없이 스스로 제 목숨을 내놓는다
구름차일 부모님의 고희연에 써도 좋고
한여름 평상에 친구끼리 추렴해도 넉넉한
도량은 넓고 말수는 줄이는
기척 소리와 스미는 빛만으로도
세상 돌아가는 것을 금방 알아채는 고수

숭어회

정신 내놓고 헛발질하며
허둥지둥 산다고
올 겨울 숭이 맛을 보지 못했다
같이 먹을 사람이 없어
시장 좌판에서
만 원짜리 포장 회를 하나 사왔다
갯벌 먹고 큰 숭어의 불그스름한 흰 살
혀끝에 도는 맛은 아직 달지만
눈 퍼붓는 창 밖
겨울바람이 차다
그나마 막소주라도 한 잔 있어
너를 위로해 준다

매생이 국

단맛으로 치면 파래나 감태보다 낫고
세발처럼 가늘어서 목 넘김이 매끄럽다
본디 성질이 부드럽고 연약해
억세지 않은 주변 것들과 잘 어울린다
바다 향을 듬뿍 품고 있어
겨울 바닷가에 가고 싶어진다
국을 끓일 때는 알굴을 살짝 얹어도 좋고
무채와 대파만으로 조화를 맞춰도 된다
전을 부치면 부드럽고 향긋하고
쌀을 갈아 죽을 끓이면 속을 풀어준다
국은 뜨거운 김을 속으로 품고 있어
장모가 미운 사위에게 주기도 한다는 데
다 매생이가 좋아서 하는 말일 터이다

고등어조림

시장에서 토막 쳐 온 고등어가
불현듯 새벽잠을 깨웠다
양파를 까고 무를 두껍게 나박 썰었다
고등어를 씻는 동안만이라도
양파와 무에 먼저 밑간을 들이라고
어머니가 아들에게 일러주었다
할머니에서 어머니로
어머니에서 아들로 전해진 비법
고추장 된장 생강청 다진 마늘을
손대중으로 모아 물과 함께 섞었다
냄비에서 양념에 졸여지는 고등어
고향 바다를 빼앗기고
타인의 식탁으로 끌려온 고등어
이 문을 열지 못하면
굳게 닫힌 다음 문 밖으로 나갈 수 없다
부엌에 매운 내가 가득하다
굴뚝 같은 문을 열었다

추자도 생조기 매운탕

무를 넣고 익히다가
고춧가루와 다진 마늘에 약한 소금 간
보글보글 끓어 오르면
비늘 친 생조기를 통째로 넣고
엇비슷 썰어낸 대파를 얹는다
조기의 살맛을 우려내기 위해서는
국물을 넉넉히 부어야 한다
냄비로 지은 밥을 푸고
소주 한잔을 따른다
탕 국물 뜬 숟가락에 얹힌
희어 부드러운 조기 살
동지 이후에 잡아들인 팔뚝만 한 생조기
내장이 비어 있어 쓴맛이 나지 않는
눈처럼 녹아 스며드는 단맛
숟가락으로 펴 올려야
부드러운 살점이 부스러지는 일 없이
조기 한 마리를 통째 먹을 수 있다
대가리를 분리해 한입에 집어넣고
혀로 오물거려 살을 바르고 뼈를 추려낸다
지느러미며 꼬리에 붙은 살까지 쏙쏙 빨아먹는다

냄비 바닥을 잘 헤집으면
깨알만 한 조기의 심장을 찾을 수 있다
젓가락으로 간신히 집어 올려
텅 빈 입속에서 굴려본다
미세한 쫄깃한 맛
미처 털어내지 못했던 비늘 한 잎이
입술에 붙어 티를 내게 하는
추자도 생조기 매운탕

홍어

설이 오기 대략 달포 전 동짓달쯤
장에서 홍어 큰 놈으로 한 마리 각을 떠 와
불을 질러 연기 소독한 중간 크기 항아리에
볏짚 사이로 갈무리해 한데에 내놓는다
겨울 햇볕과 찬바람이 삭혀줄 것이다

별도로 담아온 애는
도마에 듬성듬성 썰어놓고
기름장에 찍어 소주와 함께 먹는다

베어놓은 코 한 점
입안에서 이리저리 굴러가며
막걸리 여러 잔을 마실 수 있다

자식들이 설 전날 내려온다는 기별을 하면
항아리에서 꺼낸 각진 몸통은 회로 썰고
일부는 찜하기 좋게 겉을 살짝 말려둔다
물렁뼈 부위와 날개 쪽은 살점이 붙도록 썰어
미나리 초고추장 무침으로 준비하고
침을 쳐낸 꼬리와 껍질은 탕 감으로 남겨둔다

회는 분홍빛 도는 살을 도톰하게 썰어
고춧가루 소금장에 찍어먹거나
묵은 지 돼지고기 수육과 함께 삼합으로 맞춘다

찜을 할 때는
숨구멍 막는 강한 맛을 잡기 위해
된장 물을 바른 듯 마는 듯 시늉을 하고
미나리와 함께 쪄낸 다음 지단을 올린다
가급적 촉촉하고 따끈한 상태에서 먹어야 좋다

초무침은
크게 썬 홍어 살점과 숭숭 썰어 데친 미나리를
막걸리 식초와 고추장에 무쳐낸다
미나리 향과 홍어 살이 어울려 내는 맛은
홍탁이 제격이다

보리 애탕은
고춧가루와 된장을 푼 물에
무 토막과 탕거리와 얼려놓았던 애를 넣는다

끓기 시작하면 보리 싹을 얹고 양념을 추가한다
펄펄 끓는 애탕에 쌀밥 말 생각을 하면
벌써 정수리에 땀이 흥건해진다

호사가들이 이르기를
일 코, 이 애, 삼 날개, 사 살이라지만
나는 애 맛을 최고로 친다

창밖에 눈 내리는
운 좋은 초저녁이면 더욱 즐겁다

제4부
꽃으로 돌아오라

꽃으로 돌아오라

너희들을 앗아간 바다
빙빙 돌다가 그냥 오고 말았다
꽃을 던져보아도
피터지게 이름을 불러본들
아무 소용이 없다

물살이 센 차운 바다
바람 따라 흰 파도만 일고 있었다
네게 닿을 수가 없다
우리들의 맨주먹
틀어쥐고 펼쳐보지도 못한다

너희들이 가라앉은 바다
노란색 부표만 흔들리고 있었다
세상이 놓아버린 짧은 끈으로는
일으켜 세울 수도 없다
건져낼 수도 없구나

비가 쏟아지는 바다
무섭고 두려워도 물러서지 말자

맹골수도 찬바람을 뚫고
기어이 꽃으로 돌아오라
성내며 더욱 붉게 피어나거라

세월호
–다시 꽃이 피어도

꽃처럼 지고 말았다
산불처럼 불타오르던 꽃들
아이들이 물속에 잠겨갈 때
그들과 함께 떨어져 흩어지고 말았다
올봄에도 어김없이 꽃이 피었다
꽃은 꽃으로 돌아왔건만
그들은 이 땅에 다시 오지 못한다
목까지 차오르는 차디찬 바닷물
턱턱 목숨을 쳐대는
하얗게 빛이 바랜 슬픔이여
산 채로 수장당한 그들을
허우적대는 그들의 미래마저
올해 핀 꽃들은 도통 기억하지 못한다
비열한 음모로 짐승을 자처하고
곪아터진 이념의 고름이 흐르는
야만의 셈법을 응징조차 못한다
그들이 돌아오지 못하는 이곳
다시 꽃이 피어 환히 밝힐지라도
꽃그늘 아래 눈물을 흩뿌려본들

하늘은 그저 가만히 있을 뿐
세월의 마디 사이 다시 꽃이 돋아도
뒤돌아선 채 다만 푸르게 침묵할 뿐이로다

세월호 1

–꽃잎을 쓸며

이 봄도 허망하게 가고 있다
그 날도 오늘도 빈손이기는 매한가지다
떨어져 바람에 뒹구는 꽃잎을 쓸어댈 뿐
잎새만 무성해져가는 나무 그늘에서
오로지 속수무책이다

광주공항 입구 대로를 막아선 바리케이트
어깨에 둘러멘 총기에서
5월의 눈부신 햇빛이 번뜩이고
나는 옷소매 걷어붙이고 달려가지 못했다
한달음에 말미산을 넘고 극락강을 건너
피가 낭자한 거리로 뛰어들지 못했다

오월 광주의 지옥은
폭력의 겉옷을 바꿔 입고
병풍도 앞바다로 다시 찾아왔다
숨을 막는 갇힌 공간의 부족한 공기
심장을 옥죄이는 원수 같은 차가운 바닷물
미끄러운 절망의 벽을 타오르려

손가락이 부서지도록 찍어대며 몸부림쳤을
참으로 잔인했던 4월
집어등을 켜고 저인망 그물을 쳐서
바다에 부유하는 주검을 밤새 찾는다 한다
그래서 다시 속수무책이다
네게 건넬 말 한마디 없는 빈손이다

붉으며 흰빛 철쭉
저렇게나 무심히 흐드러져 있는데
모질고도 모진 세월이여
네 앞에 나는 아무 것도 아니어서 참혹하구나
허망하게도 이 봄이 다 끝나간다

세월호 2

–다시 하루가 간다

새벽에 비가 그쳤다
바람은 아직 자지 않는다
낮게 깔린 검은 구름 사이로
창백해진 하늘 조각이 언뜻언뜻 보인다
새 한 마리가 눈앞을 획 스쳐간다
철렁 내려앉는 가슴
왼 가슴의 노란 리본에 닿은
오른 손바닥으로 느껴지는
파닥거리며 물결치는 심장박동
몇날며칠 지속되는 장맛비 속에서도
기어이 살아남는 길짐승 날짐승들
사람들의 목숨
서로 껴안고 지켜야 할 사람들의 생명
저녁이 되자 바람이 점점 거세지더니
진도 앞바다에 다시 검은 비가 내린다
굳게 닫힌 하늘
두려움에 떨고 있는 적막
너를 위해 힘 한번 써보지도 못한 채
속절없이 버린 또 하루가 흘러간다

세월호 3

-세월호 가족 단식 43일째

마른번개 치는 밤
어두운 하늘을 가르는 섬광
폭우 속에 대지를 흔드는 굉음
그동안 잊고 있었던 까마득한 기억
누군가 죄 값에 대해 말해주지 않았던들
그때 홀로 두려움에 떨지는 않았을 것이다
속죄는 어린아이들만의 몫
어른들에게 죄의식이란 단지 삶이 주는 면죄부일 뿐
새벽에 깨는 날이면 아주 가끔씩
내가 걷고 있는 이 길을 생각해보곤 하지만
문밖을 나서면 다시 수렁이었다
헛다리 짚고 비굴하게 서있는
이지러진 생의 귀퉁이
통곡하는 오늘이여
심판의 불덩이가 머리 위에 쏟아져도
두 눈 감고 꿈쩍도 않는
너와 나는 도대체 무엇이란 말인가?
탐욕의 짐승들이 득실거리는
깨춤 추고 활개를 치는

다시 또 무서워할 지옥 따윈 없다
분노를 터뜨려라
대지를 불태워 휩쓸어버릴
천둥소리 요란한 벼락이여 내리거라

세월호 4

–단식 44일째

꽃이 피거든 같이 가서 보자고 했던
선홍빛 타오르는 백일홍 꽃 무더기
지난봄부터 쇠잔해진 어머니
당신은 눈앞의 너를 보지 못한다
날렵하면서도 매끄러운 줄기에 힘찬 푸른 잎
꽃은 날마다 피고지고 백번을 되풀이하며
여름이 끝날 무렵에야 비로소 완성이 되는
너는 내년에도 다시 피어나
살아나서 강해진 너의 붉은 마음을
눈물의 병든 당신에게 보여주어야 한다
지난여름 그토록 아름다웠던 너
그 모습 그대로 내년에도 다시 돌아왔으면

세월호 5

–단식 45일째

새벽에 폭우가 쏟아졌다
고단한 잠 속에서도 알아챘다
다시 또 하루가 시작되는구나
마른 나뭇가지가 드러난 헐렁한 의복에
죄도 없이 허리가 꺾인
무수한 알몸 허수아비들
광화문 광장에 두 팔 벌리고 서있다
사람이 허수아비가 되고
허수아비가 사람으로 쓰러지는
유리벽 빌딩 너머
서쪽 하늘에 노을이 지고 있다

세월호 6

–단식 46일째

회색빛으로 드리워진 휘장 틈새로
다시 무거운 하루가 열리고 있다
하루가 무서운 여름 햇볕
잡초를 키워 발목을 덮는다
시멘트 견고한 바닥을 뚫고 나와
여린 살들을 무참히 베는 날선 풀잎
뻣뻣이 고개를 치켜든 억센 줄기는
구석구석 쏘아보며 독기를 뿌려댄다
오늘은 또 무슨 간교한 언사를 써댈까
사람아 제발
목숨 걸고 지르는 사람의 비명을 듣자
잠들기 전 고이는 슬픈 눈물로
사람의 고통을 함께 닦아주자
사람들의 하루가 다시 지나간다

세월호 7

-조속한 세월호 특별법 제정을 촉구하며

2014년 8월 29일
눈을 뜨지 않으면 시간이 멈추어 줄까?
눈을 질끈 감고 있으면 하루가 시작되지 않겠지
그러나 아니다 눈을 떠야한다
눈을 부릅뜨고 똑바로 쳐다봐야 한다
비인간들이 펼치는 곡예
사람 되기를 주저하는 마음들은
네모니 세모니 동그라미니
그런 허튼소리 그만두거라
세월호 죽어갔던 목숨들을 살려낼
특별법을 손 맞잡고 만들어야 한다
사람의 마음으로 돌아가자
모든 사람들아 사람으로 돌아가자
이 땅에 대 이어 살아갈
저 푸르른 생명들을 위해
사람의 꿈을 꾸며 살아갈 수 있는
기틀을 만들어 주자

세월호 8

–추모 낭독시

바람 부는 들판에 서있습니다.
바람처럼 왔다가 바람으로 돌아가는
우리는 다시 바람에게 허공에 대고 물어봅니다.
바람은 우리들이 지은 죄에 대답하지 아니하고
다만 용서하듯 그 속을 뒤집어
흐르고 흘러 아무 것도 남아있지 않은
공허한 그 안을 보여줍니다.

녹이 슬고 부서져 허물만 남은
저기 옆으로 쓰러져 누워 있는 세월호
이제 그가 반듯하게 일어서면
숨기고 감춰진 거짓도 드러나고
어두운 바다 밑 깊숙이 잠겨 있던
억울함도 분함도 모두 풀리리라
빛이 쏟아져 밝은 대낮을 만드는
푸르른 하늘가 저 멀리 사라지리니

훌훌 털고 걸어 나오렴
동거차도 차갑고 거친 바다 속에 갇힌

빼앗겨버린 어린 희망을 거두어
맑고 고요한 바다 위로 솟아오르라
튀어 올라 못다 핀 꿈을 함께 꾸어보자

창자를 끊는 아픔으로 가슴에 묻고
하루를 천년으로 버티는 어머니 아버지
생때같은 자식들아
이제 그만 박차고 걸어 나오렴
멍들고 뒤틀려 갈가리 찢긴 가슴
걸어 나와 슬픔과 눈물을 거두어주렴

반대와 갈등으로부터도 걸어 나와
가볍고 긴 날개로 자유롭게 날아보자
갈등의 긴 자락을 끊어내고
세상의 온갖 억지와 비방도
넓고 고요한 바다에 묻고
나중에 잊히지 않는 붉은 꽃으로 피어나자

바람이 소리를 낸다
바람이 바다의 힘줄을 세운다

우리의 머리맡에도 마음에도
휑하니 바람이 지나간다
바람이 전하는 말이려니
그만 비켜서며 일어서자고 한다
앞바다에 무심코 다시 바람이 분다

세월호 9
-추모 낭독시

봄의 문턱 입춘이 지나면
내 마음속엔 고무줄이 하나 생겨난다
지난 시간에 대한 후회와 가까이 다가오는 미래에 대한 희망이 교차하는 지점이 어지럽다
계절은 이완과 수축을 반복하며
완고함으로부터 온화함으로
온화함은 다시 완고함으로
되풀이되는 과정을 거쳐 절로 완벽한 순환을 완성한다
그러니 강인함과 온유함에 있어 어느 것이 우월한지에 대한 판단은 그만두자
세월에 지친 마음은 늘 혼란을 거듭하며 끊임없이 뒤섞이는 회오리바람이 된다
부드럽게 피어나는 새순은 금세 나무껍질처럼 굳은 화석이 되었다가 슬며시 연한 초록으로 돌아온다

2014년 4월 동거차도 앞바다
봄이 꽃피는 바다에서 인간의 지옥이 생겨났다
바다 물구렁텅이 생지옥에 빠져 허우적대는 생명을

건져내지 못하더니

저들은 그들 하찮은 목숨을 부지하기 위해서

뚫리지 않는 견고한 사다리로 전후좌우 촘촘히 얽어매는 구조를 조성해 방패 막을 쳤다

국회는 세월호 특별법을 누더기로 만들더니 폭력 정부는 특별조사위원회 활동을 방해하고 위축시켰다

문명 국가의 탈을 쓰고 폭력을 함부로 휘두르더니 구조적인 무능에 허물어져 버렸다

불공정에서 생겨난 억울함이 분노로 타오르고 한탄의 세월이 무심코 흘러가는 사이

2017년 말에 접어들면서 조그만 손에 촛불이 켜지고 들불처럼 번지더니 이내 온 나라에 횃불이 되어 타올랐다

2018년 2월 20일 냉기가 도는 국회에서 특별법 개정안이 통과되고 특조위는 정의를 향해 푸르고 질신 돛을 펼칠 수 있게 되었다

바다 밑에서 건져 올려 목포 신항으로 옮겨진 세월호가 옆으로 고꾸라져 불편하게 누워 있더니 4년 만에 비로소 바로 세워져 제자리를 잡는다고 한다

세상사 모든 것 역시 반듯하게 서야 비로소 제대로

앞을 내다볼 수 있듯이 우리 힘으로 똑바로 일으켜 세운 선체는 우리에게 올바른 길을 보여줄 것이다

계절은 순리의 선순환을 위해 간섭받지 않는 매끄러운 궤도 위에 서있으나

진실과 거짓이 뒤섞여 혼탁한 세상사는 거친 나무바퀴를 타고 진흙탕 속을 흔들리며 빠져나가고 있다

2018년 2월 24일 오후의 팽목항 방파제

그 날의 슬픔이 분노로 바뀌더니 차가운 바람이 되어 무수한 노란 리본을 흔들고 있다

문 닫힌 안에 갇힌 채 차가운 바닷물에 속절없이 스러져갔던 가난하고 연약했던 영혼들이여

이제 이승의 폭력과 야만의 세월은 그만 용서하시고

하늘에 반짝이는 영롱하고 찬란한 하나하나의 별빛이 되어

부디 안식을 취하고 편히 잠드시라

4·16 광장의 깃발

버스 바퀴 구르는 소리
바닥으로 물 떨어지는 소리
가슴에 흐르는 소리
한낮의 광장은 눈을 감고 듣는다
침묵에 잠겨 있다

그곳 높이 걸린 깃발
펄럭이며 힘찬 신호를 보낸다
함성이 순간 달구어진 쇠토막 되어
거친 광장으로 쏟아져 내린다
튀어 올라 깊이 박히는 파편이 된다

어느 드높은 산꼭대기
붉은 용암이 분명 꿈틀대고 있으리다
터져서 치솟아 오르리다
푸른 하늘 시뻘겋게 물들이며
수천수만의 불화살 되어 날아가리다

심장을 돌아 나온 뜨거운 피가 달린다
비와 바람으로 식혀가며

넓고 환한 광장을 향해
불꽃을 뿜으며 차가운 눈빛으로 내달린다
염원은 그곳을 향한 완주일 것이므로

종점에서 길을 찾다

너에게 가는 길은 너무 멀지만
너에게 가기 위해 마지막 점에 섰다
단 한 발자국 남겨놓고
너를 생각한다
마지막 순간에 서서 맨 처음을
다시 떠올리는 것은
새로운 너를 만나기 위함이다
너를 만나기 위해
나는 오늘 길을 나선다
먼 바다 외로운 길
거칠고 험한 비바람 치는 길
이미 알고 있다
너에게 가는 길은 그렇게 평탄치 않다
절벽 끝 잃어버린 그 길
외발로 절뚝거리며 찾아 헤맨다
그 길이 끝나는 어디쯤에 서있을 너
먼 그곳에 오롯이 서있는 너
너에게로 가는 길 재촉하는
마지막 순간의 긴 신호음이 울린다

겨울 장대비

대설 지나고 소한 길목
광화문 광장에 비가 내린다
흰 눈으로 가만히 덮어주기에는
아직 벗기고 씻어내야 할 게 남았나보다

겨울비를 맞으며 떨고 서있는
겨울잠을 빼앗긴 가로수들
무수한 함성에 찢겨 나간 잎과 가지
부르르 털어내더니 단단한 뿌리로 살아난다

지난 밤을 꼬박 새운 일터의 피곤쯤이야
토막잠과 해상국으로 잊고
깃발을 걸어보자, 빛이 주르르 흘러내리는
펄럭이며 멈추지 않는 붉은 심장으로 뛰놀며
다시 오늘밤 야근 시작 전까지는
어깨동무 광장을 떠나지 않으리라
차가운 빗물은 뜨거운 눈물이다
일과 밥은 광장에서 나오므로
멍들고 옹이 박힌 거친 손인들
네게 부끄럽지 아니하다

그런 너는 속창아리 빼주고
허물처럼 내려앉은 구중심처
넋 놓고 널브러져 있구나
한겨울 장대비가 광장에 퍼붓는다
기이한 일이로다, 탄식을 내뱉으며
낮게 드리워진 검은 장막을 뚫고
여윈 마음을 마른 풀처럼 불살라본다

왜 그랬느냐, 그 사슬 벗어나지 못하고
얼치기야 얼간이여
내 기어코 너를 한 대 후려갈기고
그만 온전히 마감하리라
분에 겨운 광장도 차갑게 식어간다

이르쿠츠크

바람에 쓰러진 풀꽃들은 물가 젖은 땅에 떨어지고
무너진 어두운 하늘가에 검은 구름이 지나가고 있다
집집마다 낮은 굴뚝에는 더 이상 연기가 오르지 않고
찬 기운 가득한 공기는 지붕 위와 골목길 구석까지 조심스레 번져 있다

오늘 아침 이곳에는 새들이 보이지 않는다
갑자기 들이닥친 추위를 피해 새들은 남쪽으로 그들의 길을 떠났다
단지 무리에서 남겨진 몇 마리만 물안개로 흐린 수면을 내다보고 있을 뿐
외로움은 이제 남겨진 자들의 몫이다

누군가 내 곁에 남아있다는 느낌은 그래서 위안이 된다
어느 순간에도 곁 눈길을 주고 살피며
내게 닥쳐올 휘몰아치는 눈보라를 예감한다
호수는 얼음으로 덮여있고 깊은 바닥의 물고기는 움직이지 않는다

마른 들풀의 냄새
자작나무 껍질에서 묻어나는 흰색 분가루
떠나는 길은 너무 멀고 아득하여 등불도 없이 막막해지는 마음
두려운 미래는 발자국 소리를 내며 다가온다

푸른 새벽빛이 감도는 도회지에 다시 비가 내린다
완만한 경사면의 강변길을 따라 천천히 걸어가며
떠난 자들의 무표정했던 얼굴들을 떠올려본다
나는 그들의 무덤가에 붉은 꽃과 흰 꽃을 가지런히 놓아둔다
그들의 녹아내린 처연한 마음과 그들의 눈물이 보인다

떠난 자들이 돌과 나무로 지어놓은 집들은 그대로 오래도록 남아있고
강물은 굽이치며 빠르게 흐르고 있다
떠난 자들은 이곳으로 돌아오지 않는다
이곳에는 억센 바람이 불고 슬픈 비가 내리고 있다

자작나무

차고 맑은 강물을 건너온 오랜 시간처럼
완만한 언덕에 급한 비탈에 혹은 광활한 대지의 공간에
저 혼자 홀로 때로는 무리 지어 서 있어도
외로운 것은 어디에서든 마찬가지 아니던가

어둠을 통과한 예리한 햇살이 칼날처럼
베어버린 내 깊은 상처의 모든 곳으로부터 놓여나며
한숨 쉬며 이곳 저곳으로 떠돌다가
어느 날 맞닥뜨린 비스듬하게 펼쳐진 석양의 붉은 노을빛 아래에서도
여전히 남는 것은 아득한 슬픔의 기억
처음부터 마지막까지 완벽한 흰색의 울음을 운다

바람에 지쳐 누워버린 색 바랜 풀잎들은
숲 속의 그늘에서나 잠시잠깐 햇볕 속에서도
어쩔 수 없이 견뎌야 할 고통스런 겨울과 마감을 예감한다

가지를 휘게 하고 마침내 꺾어 버리는

거대한 눈의 무게는 이제 어느 누구도 피할 수 없다
겨울이면 감당해야만 하는 우리들의 고통이다

나는 내게 다가올 시간과 그 시간 이후 더 이상 내가 존재하지 않는 세상을 상상해 보았다
그것을 말로 설명하면 고통이 되고 고통은 이제 눈물로 와락 쏟아져 내린다

삶에 대해 느끼고 환희하고 표현하고 나타내고 드러내고
누군가 나의 백옥같이 희고 단단한 속살을 탐내고 눈빛을 빛내고 신호하고
봄은 내 몸에 씨앗을 심고 또 다시 다른 모습으로 순환하고
그리하여 나는 이제 더 이상 이곳에서 외롭거나 슬퍼해야 할 이유가 없으므로
이곳에 이제 미련이 있을 수 없으므로 이곳을 떠난다
저 먼 곳으로 가기 위해 떠난다

입암산에서 한국사를 생각하다

입암산*은 두 봉우리로 이루어져 있다
한 덩어리 바위로 된 꼭대기 516M
흙으로 덮어버린 평평한 마루 416.304M

아비는 입암산 둘레길을 개척하였다
나는 아비를 따르기 위해 길을 나섰다

입암산에는 여러 둘레길이 있어
백년로에서 범바위로
하당 갈대숲에서 황새바위로
선웅사에서 박물관에서 오르는 길도 있지만
무엇보다도 나는 믿는다
갓바위에서 시작해
반시계 방향으로 돌아치는 둘레길만이
입암산의 유일한 길이라고

반대 방향으로 비켜가는 사람들
오솔길에서 몸 비틀며 피해가는 그들
때론 쏘아보기도 하고

혹은 원망 섞인 악담을 내뱉기도 한다
한 방향 흐트러짐 없는 대오를 지면
편안하고 쉬운 길을 제시하는데도
그들의 역사에 대한 몰이해가 아쉽다
나는 파쇼의 구령에 맞춰 깨춤을 춰본다

그러나 사람들은 그러나
침묵 속에 사람들이 모여든다
횃불을 치켜들고 밤길을 도와
맞부딪치며 한갓 두려움 없이 올라온다
무수히 뻗어있는 갈래길을 타고
다양한 역사의 뒤안길을 걷고 걸어
사람들이 하늘 공원 봉우리에 다다른다
그곳에서 타오르는 새벽빛을 보는 것이다

짓눌려 헐떡이는 한국사여
피를 토하고라도 다시금 우뚝 서야 한다
시련에 들지 않는 역사란 없다
한국의 상식과 지성과 이성으로 부활하라
입암산에서 온전히 새로워지거라

진실로 된 한국사로 거듭나리라

나는 입암산에서 무너지고 말았다
되살려내기에는 너무 퇴색한 아비의 길
얼빠졌던 지난 역사는 되풀이할 수 없다
나는 마침내 대한민국에 항복한다

*목포 시내에 위치한 바위산이며 여기 표기된 높이는 실제와 다름.

■해설

자연과 사물에서 발원한 상생의 시학

박 몽 구
(시인 • 문학평론가)

근대적 의미의 서정시는 무소불위 왕권, 신권(神權)에 맞서서 이성의 비중이 자각되고 개인의 존엄성이 부각되기 시작한 산업혁명 이후 확립된 장르이다. 근대의 개인들은 신들이나 위대성을 찬미하고 영웅들의 행적을 서사적으로 담아내는 데 더 이상 흥미를 느끼지 못하면서, 개인의 눈으로 보고 개인의 마음으로 걸러신 세계관을 담는 데 몰두하게 되었다. 그 결과 탄생된 것이 장르로서의 서정시이다. 그런 점에서 서정시 하면 흔히 연상되는 감상(感傷)이나 우울한 정서, 부드러운 시어 등의 고정관념이 불식될 필요가 있다.

자연과 식생을 소재로 한 생태 환경시도 따지고 보면 모두 이 서정시의 범주에 넣을 수 있다. 오염된 문명의 허구를 지적하며 현실 세계에 대해 시인의 해석적 관점이 강조된다는 점에서 서정시와 밀접한 관련을 갖는다.

요컨대 서정시는 단순히 개인의 감정을 토로하는 양식이 아니라, 근대 이후 개인의 독자적인 세계관에서 비롯된 정서가 담긴 장르 개념으로 파악하는 게 우선이라고 본다. 나아가 좋은 서정시는 개인적이고 특수한 범주에만 머무는 것이 아니라, 근대 산업화 과정의 질곡을 넘어 인간적인 삶을 구현하는 내용이 전제되어야 한다. 근대에 들어서서 개인에게 이성과 자유는 주어졌지만, 날로 팽배해가는 물신주의와 권력의 횡포에 맞서서 인간다운 삶을 영유해 나갈 수 있는 힘은 개개인에게 골고루 주어지지 않았다. 그에 따라 근대 이후의 역사는 개인의 존엄성과 평등성 확보를 위한 투쟁의 역사라고 해도 과언이 아니다. 성공적인 시들 가운데에는 개인적인 정서와 함께 자유와 평등의 공간을 확보하고자 하는 정신을 담지한 시들이 적지 않다.

자연에서 삶의 비의를 견인하다

양원 시인의 이번 두 번째 시집은 오염된 문명에 대한 이의 제기를 통해 이 같은 서정시의 본령을 다시 환기해 주고 있다. 그는 오랫동안 바다를 가까이 해온 삶의 이력을 바탕으로 꽃과 나무, 바다 등 자연과 식생에 대한 따스한 관찰과 대화를 통해 자연의 철리를 읽어내는 한편, 그것을 참다운 사람살이의 길과 연계시키고 있다. 선인들이 들려준 지혜 가운데 배추는 농부의 발소리를 듣고 자란다는 말이 있다. 그만큼 농부의 정성이 들어가야 말 못하는 작물도 잘 자란다는 귀띔이지만, 다른 한편으로 자연과 인간의 교감이 얼마나 중요한가를 환기시키는 고래의 지혜이기도 하다. 양원은 이같이 자연과의 교감을 통하여 날로 비인간화되어가는 문명의 폐해를 읽어내는 한편, 파괴와 죽음의 위기를 넘어 인간다움을 회복할 수 있는 지혜를 이끌어내고 있다.

> 바람 한 점 돌지 않는 돌담 정원
> 한여름 무더위를 견디며 백일 동안
> 붉은 꽃을 내보이는 배롱나무
> 너는 내밀한 인내로 수액을 끌어올려
> 마른 가지 끝 수많은 작은 꽃을
> 피웠다가 떨구고 다시 피우면서
> 비로소 한 송이 꽃이 되었다
> 살아온 날들의 그 많던 한숨과 눈물
> 속으로 감추고 품이 깊이인으며
> 끝내 너는 모양과 향기를 잃지 않는다
>
> —「백일홍」 전문

초여름 뜰에서 흔하게 만날 수 있는 백일홍(百日紅)을 빌어 화자의 내면을 투사한 작품이다. 백일홍은 백일 동안 붉게 피어 있는 꽃이라는 뜻을 갖고 있으며, 완전

수인 '백'을 사용하고 있는 데서도 보듯이 정열과 순결한 희망이 영원하기를 바라는 마음을 상징한다. 화자는 그 같은 초목의 속성을 매개로 하여 자신의 내면을 풀어내고 있다.

화자는 첫 대목에서 '바람 한 점 돌지 않는 돌담 정원/ 한여름 무더위를 견디며 백일 동안/ 붉은 꽃을 내보'인다고 언술함으로써 한 송이 꽃을 맺는 데 헤아릴 수 없는 인고의 시간을 견뎌야 한다는 것을 환기하고 있다. 나아가 '수많은 작은 꽃을/ 피웠다가 떨구고 다시 피우기면서/ 비로소 한 송이 꽃이 되'듯 생을 이어간다는 것은 수많은 희생과 염원이 뭉쳐져 있음을 의미한다. 또 화자는 '한숨과 눈물/ 속으로 감추고 품어 끌어안으며/ 끝내 너는 모양과 향기를 잃지 않는다'고 결구함으로써 무릇 지상의 모든 피조물들은 생명현상을 발산하면서 제대로 된 삶을 누릴 권리가 있다는 인식을 담고 있다. 이것은 일상을 꾸려가는 민초들의 삶 하나하나가 다 소중하다는 사유와 맥이 닿아 있다.

이번 시집에 선보인 양원의 시들은 이처럼 자연과 식생들이 담지하고 있는 내면의 소리들을 집요하게 추적하고 있다는 점에서 생명의 소중함을 자각하고 있는 생태시학을 바탕으로 하고 있다고 볼 수 있다. 생태시학은 생태학적 인식을 바탕으로 생태 문제를 성찰하고 비판하며, 더 나아가서 새로운 생태 사회를 꿈꾸는 시문학을 의미한다. 생태계 파괴의 문제를 시적 관심사로 다루면서 자연을 무분별하게 훼손하는 인간의 조물주에 대한 무례함, 지나친 인간 중심주의의 문제, 눈앞의 이익 추구에만 어두운 산업화의 무서운 결과를 준엄하게 비판한다. 즉 조물주가 물려준 자연의 활기찬 생명 회복에 대한 희구를 통해 인간다운 삶의 조건이 어떠해야 하는지 견인해 내는 생명 존중의 시학을 펼치는 것이 곧 생태시학인 셈이다. 양원의 시는 꽃을 중심으로 한 식물들이 간직한 내면의 소리를 독자들에게 들려줌으로써 자연 생태계 파괴의 심각성을 환기시키고 더 나아가 지구촌 가족들이면 마땅히 누려야 할 생명의 소중함을 일깨우는 단계로 나아가고 있다.

어떻게 여기에 와있는가
언제부터 여기에 서 있었던가
오늘에야 비로소 너를 알게 된다
손바닥 꼴로 갈라지는 잎사귀
흰색 꽃받침 위에 피어나는 노란 꽃
어느 산골 모퉁이에서
앵초 또한 자주색 꽃을 피우고
누루오줌은 그 어센 꽃대를 세우고 있다
내가 지금 여기서 너를 만나는 것은
지난 가을 땅에 떨어진 너의 씨앗 때문이다
봄에는 무성하게 풀잎을 내고
여름이 되면 꽃으로 피어날 것을
얼어붙은 흙속에서도 떨지 않고
어둠 속에 갇히면서도 두려워 않는

너는 내게 약속했다
꽃이 진들 몸체가 부서진들
뿌리를 키워내는 씨앗 한 톨이라고
이곳에 다시 뿌려진다고
또 다시 바람꽃으로 피어난다고
앵초 노루오줌으로도 살아난다고
너는 내게 굳건한 다짐을 했다

–「바람꽃」 전문

위의 시 제재로 설정된 '바람꽃'은 일개 수수한 여름꽃을 가리키는 게 아니라 바람처럼 우리 산하를 떠돌며 생명을 이어가는 야생화 군락의 제유(提喩)이다. 화자는 '여름이 되면 꽃으로 피어날 것을/ 얼어붙은 흙 속에서도 떨지 않고/ 어둠 속에 갇히면서도 두려워 않는'다고 말함으로써 해맑은 한 송이 꽃을 피우기 위해서 두려움과 고통을 감수하며 긴 동면을 이겨내는 야생화들의 식생을 드러내고 있다. 이 대목을 곰곰이 읽어보면 이는 단순히 일개 야생화의 개화 과정이 아니라, 온갖 신난을 마다않고 견디는 자만이 삶의 단맛을 볼 수 있는 사람살이의 원리를 환기하는 알레고리임을 알 수 있다. 그 같은 사유는 '꽃이 진들 몸체가 부서진들/ 뿌리를 키워내는 씨앗 한 톨 … 또 다시 바람꽃으로 피어난다'는 대목을 통하여 절정하게 형상화되어 있다. 그런 점에서 '바람꽃'은 눈비를 마다않으며 뿌리 내릴 자리를 찾아 끝없이 전전하는 민초들의 파

란만장한 삶을 환기하는 객관적 상관물이다.

이슬 내려 한기 도는 새벽녘
간신히 뻗어 올린 덩굴손에 기대
마른 잎사귀 아래 숨어 피어난
기약 없는 애처로운 목숨이로다

간신히 비켜 선 한켠 구석에서
이듬해 찾아올 봄비 기다려
붉은 보랏빛 한껏 짙은 입술로
이제야 때맞춘 수줍은 웃음 짓는다

–「가을 나팔꽃」 부분

위의 시에서는 한창 향기롭게 개화하는 시기인 한여름을 지나 뜻밖에 가을에 피어난 나팔꽃을 소재로 하고 있다. 화자는 '간신히 뻗어 올린 덩굴손에 기대/ 마른 잎사귀 아래 숨어 피어난/ 기약 없는 애처로운 목숨'이라는 묘사를 통해 계절을 어기고 피어난 나팔꽃을 관찰하고 있다. 자연의 순환 체계를 파괴하고 개화한 나팔꽃을 통해 질서가 교란되고 있는 생태에 대한 비판적 사유를 은근히 드러내고 있다. '기약 없다', '애처롭다'는 시어는 그같이 풍전등화처럼 위기를 겪고 있는 식생에 대한 연민의 마음을 담아내고 있다. 화자는 결구 부분에서 '비켜 선 한켠 구석에서/ 이듬해 찾아올 봄비 기다려/ … /이제야 때맞춘 수줍은 웃음 짓는다' 고 밝힘으로써 조물주의 설계에서 벗어나 피었지만, 이는 나팔꽃의 책임이 아니라는 점을 암시하고 있다. 아울러 따스한 봄비를 맞고 새롭게 피어나라고 말함으로써 제자리로 돌아가기를 바라는 염원을 담아내고 있다. 이에서 보듯 양원의 시들은 꽃과 나무를 소재로 하고 있으면서도 범상한 자연 찬미에서 벗어나, 제자리를 잃고 표류하는 인간의 생체 시계가 제자리를 찾아야 한다는 사유를 설득력 있게 환기하고 있다.

이렇듯 양원은 이번 시집에서 자연을 객관적 상관물로 삼아 화자의 심연을 함축해가고 있다. 어느 시편들이나 화자의 감정이 절제되어 있으며 명징한 이미저리를 동반하고 있는 등 시적 완성도가 높다. 나아가 협소하게 작자 개인의 내면을 풀어내는 데 그치지 않고 함께 살아가는 사람들의 안부를 걱정하는 따스한 시각도 아울러 담아내고 있다.

양원의 시들은 십약석으로 제시되는 세새를 중심으로 한 시적 드라마를 단단하게 구축하고 있다. 표면적 언술만으로도 의미 구성에 아무런 지장이 없지만, 그 배후에 꼼꼼하게 숨겨진 의미를 일궈내는 일은 곧 독자들이 시를 읽는 재미와도 자연스럽게 연결된다. 문제는 그 같은 의미의 위계를 수수깡처럼 쉽게 드러내느냐, 아니면 석류알처럼 알차고 깊게 하느냐 하는 것이다. 양원의 경우에는 다양한 의미의 공간을 열어놓는 은유와 환유를 맛깔스럽게 배열한 가운데, 분명한 의미에 닿는 것을 결구의 아이러니로 경계하고 있는 점이 일품이다.

바다에게 엿들은 상생의 비밀

이와 함께 이번 시집에서 양원이 주된 소재로 삼고 있는 것 가운데 하나는 바다와 중력, 물 등 인간이 삶의 무대로 삼고 있는 자연이다. 그는 집요하게 그것들 속에 깃들어 있는 생명 현상을 추적함으로써 인간다운 삶의 조건이 어떠해야 하는지를 에둘러 말하고 있다.

언덕 아래 멀리 선창을 돌아서는
비단을 깔아 호수처럼 푸른 바다
신새벽 출항하는 작은 어선을
흰 포말 긴 띠로 따라나서는 바다

(중략)

거친 손과 억센 어깨 부딪치며
땀과 노동의 깃발을 펄럭이는 바다
만선의 푸른 열망에 들뜨는
집어등에 비친 구릿빛 환한 바다

휴식과 식사와 수면으로 고요한
서쪽 하늘 노을에 비낀 저녁 바다
달빛 별빛 아래 귀항의 돛을 달고
내 마음 속을 질주하고 있는 바다

–「내 마음의 바다」 부분

항해사로서 대양을 누볐던 시인의 젊은 날 삶의 무대였던 바다를 배경으로 삼은 작품이다. 젊은 날의 도전과 욕망을 상징하는 바다는 인간이 바라는 것을 순순히 내놓는 법은 없었던 듯하다. 그런 점에서 위의 시에는 도전과 좌절의 드라마가 이항 대립적으로 펼쳐져 있다. 즉 '비단', '신새벽', '집어등' 등의 시어들이 젊은이다운 도전을 의미한다면, '거친 손', '어깨', '땀', '노동', '서쪽 하늘', '귀항' 등의 시어들은 그 대척점에서 쉽게 인간의 도전을 용납하지 않는 자연의 벽을 의미한다고 볼 수 있다. 결국 이를 통해 화자는 온갖 어려움이 도사리고 있다 하여도 좌절하지 않고 '신새벽에 출항하'여 (먼 바다로) 나아가고야 말겠다는 의지를 풀어내 놓고 있다.

깨지도다!
검고 단단한 벽에 부딪쳐
순결한 흰 피를 허공에 흩뿌리도다

하염없는 전진의 발걸음으로
무한의 세계 어디에도 스며 있는
끈질긴 무형의 형체여
모서리 서로 다듬어 합치는도다
맑고 둥근 거대한 원형(原形)

(중략)

암흑의 깊은 골짜기에

잠들어 있는 정직한 시간이여
허기를 멈추고 벌떡 일어서
빛과 어둠이 교차하고
차가움과 뜨거움이 부딪치는
저 망망한 우주의 끝까지 가보자

–「물의 목숨」 부분

수액이 관을 타고 내려오더니
중간 지점에서 방울로 맺혀
하나씩 똑 똑 구르듯이 떨어진다
팔뚝 혈관을 통해 몸속으로 스며든다
너의 아래로 향하는 마음이
나를 살린다
타는 입술을 적시고
젖은 몸을 일으켜 세우는 힘
서로를 당기는 결코 사라지지 않는 힘
너의 힘으로 나는 산다
땅에 떨어져 싹을 틔우고
바닥에 닿아 흔들리지 않게
그만 떠돌고 이제 정착하거라
비상한 마음이 되어야
비로소 아래로 내려가게 된나
불붙는 가속도는 버려두고
천천히 내려가자
저 아래 더 깊은 곳으로
헤어지지 말고 함께 내려가자

–「중력(重力)」 전문

자연 현상을 화려하고도 집요하게 묘사한 두 편의 작품을 골라 보았다. 언뜻 보면 설명적 묘사로 읽히지만, 그 이면에 사람살이의 길을 정교하게 새겨놓고 있음을 살펴볼 수 있는 작품들이다. 앞의 시에서 화자는 '검고 단단한 벽에 부딪쳐/ 순결한 흰 피를 허공에 흩뿌' 린다고 말함으로써 물이 자신을 돌보지 않고 벽에 도전하는 모습을 묘사하고 있다. 나아가 '하염없는 전진의 발걸음으로 … 모서리 서로 다듬어 합치는/ 맑고 둥근 거대한 원형(原形)' 이라고 묘사함으로써 그같이 좌절하지 않는 전진이 끝내 '거대한 원형' 을 이룬다는 사유를 전개하고 있다. 이것은 단순한 물에 대한 묘사를 넘어 바다 사나이라면 품음직한 대양을 향한 도전을 환기하는 환유라고 하겠다. 뒷부분에 이르면 그 같은 해명이 결코 어긋나지 않았다는 것을 알 수 있다. 즉, '허기를 멈추고 벌떡 일어서/ … /빛과 어둠이 교차하(는) /저 망망한 우주의 끝까지 가보사' 로 결구함으로써 어떠한 난관에도 무릎 꿇지 않고 앞으로 나아가겠다는 내면의 결의가 선명하게 감지된다.

뒤에 둔 중력은 단단한 알레고리의 구조로 이루어진 작품이다. 명징한 이미저리를 동반한 중력은 민초들의 삶을 구획 짓고 마음먹은 대로 끌고 가는 거대한 외력을 환유하고 있다. 그 가운데서 제 갈 길을 도모하는 '수액' 은 그 같은 외력의 손아귀에서 벗어나고픈 인간의 집요한 도전을 상징하고 있다. 화자는 '중간 지점에서 방울로 맺혀/ 하나씩 똑똑 구르듯이 떨어진다/ 팔뚝 혈관을 통해 몸속으로 스며든다' 고 묘사함으로써 온갖 난관을 이겨내며 부단하게 인간에게 이로운 존재가 되어가는 수액의 정신을 환기하고 있다. 중간 대목에 제시된 '서로를 당기는 결코 사라지지 않는 힘/ 너의 힘으로 나는 산다/ 땅에 떨어져 싹을 틔' 운다는 알레고리를 통하여 작게 흩어져 있는 것들이 서로 상생하면서 새로운 생명을 꽃피워가는 모습을 연상시키고 있다. 화자는 '바닥', '아래', '떠(돈다)', '함께 내려가자' 등의 시어들을 통하여 참다운 사람살이에 이르는 길은 높은 지위나 화려한 외양을 버리고 스스로를 낮추면서 이웃들과 함께 이겨나갈 때 비로소 활로가 트인다고 밝히고 있다.

이와 함께 이번 시집에서는 자연의 식생과 민초들의 먹거리 등을 제재로 한 일련의 시편들도 양원의 주요 시적 관심사 가운데 하나가 되고 있다. 이들 시편들은 화려하고 그럴듯한 때깔이 아니라도 그 안에 사람살이의 비의와 함께 어울려 살아가는 재미가 있다는 인식을 갈무리하고 있다. 그럴듯한 췌사를 헝클어 놓기보다 단정하고도 명징한 이미지 구사를 통하여 읽는 맛을 더하면서도 감칠맛 나는 새로운 의미를 환기시키는 시적 방법론을 취하고 있다.

흙탕물 속에 던져진
단단한 뿌리 하나
올곧게 뻗어 오른 꽃대 위
한 장의 초록 너른 잎
오직 한빛으로 피어난
한 송이 하얀 꽃
뜨거웠던 여름밤을 견디고
차운 새벽하늘 향해서
오므린 잎 속에 이슬 한 방울 머금고
깊이 울어 속을 통째로 비워 낸
결코 곁가지를 치지 않는 너
경계 너머 아스라이
저 홀로 서있구나

–「연(蓮)」 전문

검푸른 흙탕물과 진흙을 터전으로 살아가는 '연' 을 제재로 한 작품이다. 화자는 '흙탕물 속에 던져진/ 단단한 뿌리 하나', '뜨거웠던 여름밤', '깊이 울어 속을 통째로 비워낸 (가지)' 등의 구절을 통하여 연이 얼마나 어려운 식생 환경을 이기며 살아가는가를 귀띔해 주고 있다. 이같이 어려운 환경을 딛고 '올곧게 뻗어 오른 꽃대 위' 에 피어난 '오직 한빛으로 피어난/ 한 송이 하얀 꽃' 을 통하여 땀과 눈물은 변증법적으로 꽃으로 결과한다는 사유를 펼치고 있다. 이 시도 역시 연에 대한 찬미가 아닌 신난을 이기고 아름다운 삶의 열매를 맺는 인간을 암시해 주고 있다.

아버지가 지고 가는 바지게 양 옆으로
대가리와 꼬리가 삐죽이 튀어나왔다
멸치나 전어라도 천대하지는 않지만
한 발이 넘는 너는 보기만 해도 오지다
심해에서 큰 부레 강한 심장으로 살다가
그물에 걸려 물 밖으로 끌려 나올라치면
두 말 없이 스스로 제 목숨을 내놓는다
구름차일 부모님의 고희연에 써도 좋고
한여름 평상에 친구끼리 추렴해도 넉넉한
도량은 넓고 말수는 줄이는
기척 소리와 스미는 빛만으로도
세상 돌아가는 것을 금방 알아채는 고수

—「민어」 전문

우리나라 서남해에서 예부터 귀하게 잡히다가 최근 들어 더욱 희귀해진 민어를 제재로 삼은 시이다. 화자는 첫 대목에 '아버지가 지고 가는 바지게 양 옆으로/ 대가리와 꼬리가 삐죽이 튀어나왔다' 는 구절을 배치함으로써 민어를 매개로 하여 사람살이의 철리를 드러내고 있다. 또 바다 일로 잔뼈가 굵은 아버지를 서정적 자아로 내세움으로써 보통의 삶을 살아가는 인간상이야말로 사람살이의 근본이라고 넌지시 암시하고 있다. 중간 대목에서 화자는 '심해에서 큰 부레 강한 심장으로 살다가/ 그물에 걸려 물 밖으로 끌려 나올라치면/ 두 말 없이 스스로 제 목숨을 내놓는' 민어의 생태를 진술하고 있지만, 이것은 아버지의 삶에 비견된 알레고리이다. 즉, '두 말 없이 스스로 제 목숨을 내놓는' 이타행(利他行)은 사람살이를 풍성하게 해주는 미덕 가운데 으뜸이라는 것을 암시한다. 끝부분에 '도량은 넓고 말수는 줄이는/ 기척 소리와 스미는 빛만으로도/ 세상 돌아가는 것을 금방 알아채는 고수' 라는 구절을 배치함으로 해서 삭막하고 인심 야박한 도시를 넘어, 서로 나누는 인간미 넘치는 공동체 정신을 회복해야 한다는 사유를 펼치고 있다.

이 같은 시적 미덕이 잘 녹아 있는 시편은 이 외에도 「양파」, 「숭어회」, 「하지감자」 등의 성공적인 작품들에서도 찾아볼 수 있다.

세월호에서 피어난 생명의 시학

양원의 이번 시집에서 중요한 몫을 담당하고 있는 생명시학의 정점은 물질적 소유만이 목표인 인간의 욕망과 어른들의 무책임을 반증해 주는 세월호 침몰 사태를 소재로 한 제4부에 수록된 일련의 시편이다. 일찍이 아도르노는 나치가 유태인을 가스실에서 독살한 아우슈비츠의 참극을 보면서, '아우슈비츠 이후로 서정시를 쓰는 것은 야만이다!' 라는 명제를 남긴 바 있다. 현대의 대중문화처럼 화려한 겉모습만을 추종하는 미메시스에서 벗어나 영혼을 구원하는 반성적 미메시스를 추구해야 한다는 것이 그의 견해이다. 또한 베르

톨트 브레히트는 히틀러가 주도하는 국가주의의 가공할 횡포를 목격하면서, 자신이 살고 있던 시대를 가리켜 '서정시를 쓰기 힘든 시대'라고 밝히면서, 서정시를 쓸 수 없는 까닭을 이렇게 고백한 바 있다.

> 나의 시에 운을 맞춘다면 그것은/ 내게 오만처럼 생각된다./ 꽃피는 사과나무에 대한 감동과/ 엉터리 화가에 대한 경악이/ 나의 가슴 속에서 다투고 있다./ 그러나 바로 두 번째 것이/ 나로 하여금 시를 쓰게 한다.

가공할 시대고가 시인들로 하여금 서정시를 쓰지 못하도록 만드는 사태는 이들이 겪어온 시대만의 일은 아니다. 이들이 산 시대와는 비교할 수 없이 문명이 발달한 21세기에 들어서도 그 같은 일은 지속·반복되고 있다. 화급하지 않은 재개발을 추진하기 위하여 세입자들이 꾸려가는 삶의 터전을 송두리째 빼앗고, 그것도 모자라 화마 속으로 내던지는 야만을 우리는 생생하게 목격한 바 있다. 그리고 우리는 2014년 4월 16일 진도 팽목항 앞바다에서 304명의 고귀한 생명을 살릴 골든 타임을 살리지 못한 채, 기득권층의 책임 전가와 이기적인 행동 탓에 검푸른 파도 속에 잃고 말았다.

이 같은 사태 앞에서 새삼 개인의 밀실에 갇힌 시들을 쓰는 행위의 무위성에 대한 성찰과 함께, 브레히트가 말했듯 '엉터리 화가에 대한 경악'으로 상징되는 지식인들의 허위와 무기력에 대항하여 참다운 비판의 시를 쓸 것을 요구받고 있다. 거대 권력이 은폐하고 있는 진실에 대한 입 열기와 함께, 겉으로의 구두선 아닌 인간의 참다운 본질에 대한 내면 탐구가 절실하다. 나아가 생명 존중에 대한 생각의 폭을 넓게 하는 한편, 이를 실천에 옮기는 예술 행위로서의 시 쓰기가 요구되는 시점이라고 하겠다.

이는 물질적 풍요, 편리한 문명에 대한 추구에 집착하기보다 생명이 이 세상에 온대로 오염되지 않은 가운데 자연 속의 한 개체로서 자유롭고 평화롭게 살아가야 한다는 사유에 기초해 있다. 인간과 자연을 대립하는 관계가 아니라 자연스럽게 어울리는 것으로 바라보려는 시도가 생태 주의적 관점이다. 즉, 인간도 생태계의 일부로서 자연과 조화를 이루어야 한다는 생각이다. 만약 이 같은 생명 존중의 사상이 배를 책임지는 선장과 선원들에게 널리 이해된 상태였다면 수백 명의 승객들의 안위를 도외시한 채 저 혼자 살아보겠다는 개인의 이기심 때문에 배를 버리고 도망치는 사태는 벌어지지 않았을 것이다.

꽃처럼 지고 말았다
산불처럼 불타오르던 꽃들
아이들이 물속에 잠겨갈 때
그들과 함께 떨어져 흩어지고 말았다
올봄에도 어김없이 꽃이 피었다
꽃은 꽃으로 돌아왔건만

그들은 이 땅에 다시 오지 못한다
목까지 차오르는 차디찬 바닷물
턱턱 목숨을 쳐대는
하얗게 빛이 바랜 슬픔이여
산 채로 수장 당한 그들을
허우적대는 그들의 미래마저
올해 핀 꽃들은 도통 기억하지 못한다
비열한 음모로 짐승을 자처하고
곪아터진 이념의 고름이 흐르는
야만의 셈법을 응징조차 못한다
그들이 돌아오지 못하는 이곳
다시 꽃이 피어 환히 밝힐지라도
꽃그늘 아래 눈물을 흩뿌려본들
하늘은 그저 가만히 있을 뿐
세월의 마디 사이 다시 꽃이 돋아도
뒤돌아선 채 다만 푸르게 침묵할 뿐이로다

—「세월호-다시 꽃이 피어도」 전문

위의 시에서 양원은 이번 세월호 대참사가 단순히 이웃들이 당한 슬픔을 넘어 자연이 우리에게 던지는 물음이라고 보고 있다. 즉, '산불처럼 불디오르던 꽃들/ 아이들이 물속에 잠겨갈 때/ 그들과 함께 떨어져 흩어지고 말았다' 라고 노래함으로써 '꽃' 으로 제유된 인간다운 생명의 개화를 기대할 수 없게 되어버린 오늘의 세태를 강하게 암시하고 있다. 나아가 화자는 '비열한 음모로 짐승을 자처하고/ 곪아터진 이념의 고름이 흐르는/ 야만의 셈법을 응징조차 못한다' 고 강조함으로써, 오직 눈앞의 권력 지키기에 급급한 나머지 인간다움을 팽개친 사람들로 가득 찬 세계와 특정 집단들만을 위한 허위의 제도가 얼마나 야만적인지 분석의 메스를 대고 있다. 시의 말미를 '세월의 마디 사이 다시 꽃이 돋아도/ 뒤돌아선 채 다만 푸르게 침묵할 뿐이로다' 라는 말로 닫은 것은 304명 억울한 청춘들의 한을 신원하지 않는 한 소통의 통로는 막히고 우리네 삶은 결코 꽃피지 않는다는 사유의 아이러니로 읽힌다. 이를 통해 세월호 희생자들을 구하고 해원하는 일이야말로 억압을 이기고 따스한 인간애가 구현된 세상으로 진입하는 길임을 묵시하고 있다.

회색빛으로 드리워진 휘장 틈새로
다시 무거운 하루가 열리고 있다
하루가 무서운 여름 햇볕
잡초를 키워 발목을 덮는다
시멘트 견고한 바닥을 뚫고 나와
여린 살들을 무참히 베는 날선 풀잎
빳빳이 고개를 치켜든 억센 줄기는
구석구석 쏘아보며 독기를 뿌려댄다
오늘은 또 무슨 간교한 언사를 써댈까
사람아 제발
목숨 걸고 지르는 사람의 비명을 듣자
잠들기 전 고이는 슬픈 눈물로
사람의 고통을 함께 닦아주자

사람들의 하루가 다시 지나간다

–「세월호 6–단식 46일째」 전문

세월호 연작은 시인 양원이 주거지인 목포는 물론 서울 광화문 광장을 오가며 영문도 모른 채 죽어간 젊은 혼들의 신원 작업에 참여하면서 얻은 결과물이다. 그는 세월호 침몰의 원인 규명 작업을 넘어 젊은 혼들과 그들을 잃은 유가족들을 우리 사회가 어떻게 감싸안아 가야하는가에 대한 묵시를 통하여 오늘의 한국사회를 진단하고 나아갈 바를 제시하고 있다. 다시 말하자면 팽목항 앞바다에 잠든 이들을 우리 곁으로 데려와야 하는 이유는, 억울하게 잠든 희생자들을 신원해야 마땅하지만 이를 통해 다시는 생명 경시의 풍토가 이 땅에 발을 붙이지 못하도록 하려는 뜻도 함께 깃들어 있기 때문이다.

위의 시에서 화자는 '하루가 무서운 여름 햇볕/ 잡초를 키워 발목을 덮는' 생명 현상과 '시멘트 견고한 바닥을 뚫고 나와/ 여린 살들을 무참히 베는' 반생명 현상의 대비를 통하여, 독점과 소이를 넘어 함께 살아가는 세상을 건설해야 한다고 말하고 있다. 또한 '목숨 걸고 지르는 사람의 비명을 듣자/ 잠들기 전 고이는 슬픈 눈물로/ 사람의 고통을 함께 닦아주자'는 권면을 통하여 고통과 질곡에 처한 이들의 외침을 외면하지 말고 누구나 자신의 일로 아파하는 가슴을 가질 때 세계는 한 발자국 앞으로 나아갈 수 있다고 진단하고 있다. 젊은 시절을 바다에 바친 사람으로서 양원에게 물은 어머니이고 생명의 원천일 것이다. 그런 면에서 그가 물과 바다를 제대로 다루지 못한 인간이 초래한 세월호의 비극을 함께 아파하고 억울함을 신원하는 데 나선 것은 당연한 귀결일 것이다.

바람 부는 들판에 서있습니다.
(중략)
흐르고 흘러 아무 것도 남아있지 않은
공허한 그 안을 보여줍니다.

(중략)

생때같은 자식들아
이제 그만 박차고 걸어 나오렴
멍들고 뒤틀려 갈가리 찢긴 가슴
걸어 나와 슬픔과 눈물을 거두어주렴

반대와 갈등으로부터도 걸어 나와
가볍고 긴 날개로 자유롭게 날아보자
갈등의 긴 자락을 끊어내고
세상의 온갖 억지와 비방도
넓고 고요한 바다에 묻고
나중에 잊히지 않는 붉은 꽃으로 피어나자

–「세월호 8–추모 낭독시」 부분

앞에 든 시에서 화자는 '흐르고 흘러 아무 것도 남아 있지 않은/ 공허한 그 안을 보여줍니다' 라고 언술함으로써, 어린 생명들의 억울한 죽음의 원인이 밝혀지지 않는 한 우리 사회를 떠도는 어떤 그럴듯한 언어도 공허할 뿐이라고 진단하고 있다. 그리고 '생때같은 자식들' 을 남의 자식 아닌 우리 모두의 자식으로 가슴에 안을 때 비로소 인간다움이 들어설 자리가 생긴다고 밝히고 있다. 나아가 결구 부분에서 '갈등의 긴 자락을 끊어내고/ … /넓고 고요한 바다에 묻고/ 나중에 잊히지 않는 붉은 꽃으로 피어나자' 고 말함으로써 세월호 희생자들의 신원을 넘어 인간 존중의 새로운 역사를 여는 디딤돌이 되어야 한다고 말하고 있다.

양원이 보여준 일련의 세월호 시편에서 보듯이, 생명 존중의 시학은 세월호 이후에 비로소 제자리로 돌아온 느낌이다. 불과 수십 년 전인 1960년대 이후 1980년대에 이르는 개발의 연대에는 나무를 베고 논밭을 갈아엎어 공장을 세우는 것이 곧 행복의 씨앗이 되었다. 심지어 벌레를 없애주는 농약마저 함께 먹으면 속이 말끔해지는 것으로 인식될 정도로 암흑의 시대였다. 그러나 이런 무분별한 개발은 얼마간 삶에 윤택을 더한 것은 사실이지만 지하수가 죄다 오염되고 굴뚝에서 마구 뿜어지는 매연, 흙을 까맣게 물들이는 중금속은 뭇 생명들을 죽음의 늪으로 몰아넣었다. 그 결과 매연으로 찌든 서울이 아닌 먼 청산도나 문명의 폐해가 미치지 않는 지리산 오지가 벽지라는 오명을 벗어던지고 사람들이 살기 좋은 땅으로서의 지위를 회복했다.

자연을 수단으로 여겨 온 성장과 개발 이데올로기의 폐해를 비판하고, 인간 이성을 중심으로 지탱되었던 근대적 기획들을 극복하고자 하는 목소리들이 튀어나오기 시작했다. 환경의 오염, 인간성의 황폐화, 전쟁과 재해 등의 표면적인 문제의 근원에 자리 잡고 있는 인간의 욕망과 같은 철학적인 문제에까지 관심을 둔다. 이것은 곧 생명 존중의 시학으로 발전하면서, 궁극적으로 독자로 하여금 비판 의식과 개혁 의지를 갖도록 하여 상생과 포용의 정신을 일깨우게 되었다. 따라서 생명 존중의 시학은 단순히 시에 관한 생각을 넘어, 바른 세상을 열어가는 지렛대가 되고 있다.

> 눈을 부릅뜨고 똑바로 쳐다봐야 한다
> 비인간들이 펼치는 곡예
> 사람 되기를 주저하는 마음들은
> 네모니 세모니 동그라미니
> 그런 허튼소리 그만두거라
> 세월호 죽어갔던 목숨들을 살려낼
> 특별법을 손 맞잡고 만들어야 한다
> 사람의 마음으로 돌아가자
> 모든 사람들아 사람으로 돌아가자

–「세월호 7–조속한 세월호 특별법 제정을 촉구하며」 부분

양원은 이번 세월호의 희생을 단순히 한 화객선의 불행한 항로 이탈이 아닌, 잘못된 역사와 비이성적 계층 문화의 산물로 보고 있다. 즉, '눈을 부릅뜨고 똑바로 쳐다봐야 한다/ 비인간들이 펼치는 곡예/ 사람 되기를 주저하는 마음들은/ 네모니 세모니 동그라미니/ 그런 허튼소리 그만두거라' 라고 언술함으로써, 비인간적인 차별을 없애고 대동 세상으로 가려는 노력에 이념의 멍에가 덮어 씌워지는 현실을 투시하고 있다. 나아가 '세월호 죽어갔던 목숨들을 살려낼 특별법을 손 맞잡고 만들어야 한다/ 사람의 마음으로 돌아가자' 라고 말함으로써, 세월호 희생자들이 비명에 가면서도 놓지 않은 손들이 이 시대의 갈라진 마음들을 한데 모으고, 나아가 비뚤어진 자본의 얼굴을 바로잡는 출구가 되어야 한다고 진단하고 있다. 아직 우리 사회에 희망이 남아 있는 것을 보여준 것은 2백여 일 가깝게 광화문 국민 단식장을 자발적으로 찾아 차벽과 차가운 무관심으로부터 세월호 유가족들의 희망을 지켜낸 사람들이다. 스스로 리본을 접어 희망을 나누고, 단식으로 망자의 고통을 함께 나눈 사람들이 세상을 새롭게 바꿔갈 것이다.

양원의 세월호 연작은 겉으로 풍부한 감성을 자극하는 시들은 아니지만, 인간과 자연의 유기적 결합을 지향하는 생태학적 세계관에 바탕한 시들이다. 생명들 사이의 관계에 대한 새로운 인식을 보여 줌으로써 생명의 본질에 대해 새롭게 인식하도록 하는 한편, 다른 존재들과의 관계 속에서 생명의 가치와 위상, 생명 고양의 조건을 살펴, 그 중요성을 시적 상상력 속에 구체화하는 심상치 않은 의미를 갖추고 있다.

이제까지 양원의 두 번째 시집이 형성하고 있는 시 세계를 일람해 보았다. 그는 오랫동안 바다를 가까이 해온 삶의 이력을 바탕으로 꽃과 나무, 바다 등 자연과 식생에 대한 따스한 관찰과 대화를 통해 자연의 철리를 읽어내는 한편, 그것을 참다운 사람살이의 길과 연계시키고 있다. 자연과의 교감을 통하여 날로 비인간화되어가는 문명의 폐해를 읽어내고, 파괴와 죽음의 위기를 넘어 인간다움을 회복할 수 있는 지혜를 이끌어내고 있다.

양원은 바다와 중력, 물 등 인간이 삶의 무대로 삼고 있는 자연을 시적 공간으로 끌어들여, 이것들 속에 깃들어 있는 생명 현상을 추적함으로써 인간다운 삶의 조건은 어떠해야 하는지를 설득력 있게 그려내고 있다.

또 이번 시집에서는 자연의 식생과 민초들의 먹거리 등을 제재로 한 일련의 시편들도 양원의 주요 시적 관심사 가운데 하나가 되고 있다. 이들 시편들은 화려하고 그럴듯한 때깔이 아니라도 그 안에 사람살이의 비의와 함께 어울려 살아가는 재미가 있다는 인식을 갈무리하고 있다. 그럴듯한 췌사를 헝클어 놓기보다 단정하고도 명징한 이미지 구사를 통하여 읽는 맛을 더하면서도 감칠맛 나는 새로운 의미를 환기시키는 시법을 취하고 있다.

마지막으로 양원은 일련의 세월호 연작을 통하여 독점과 소외로 양분화된 오늘의 우리 사회를 진단하는 한편, 우리 사회가 밝은 미래로 나아가기 위해서는 어떠해야 하는지를 시적으로 규명해내는 작업에서 상당한 성과를 거두고 있다. 우리 시대의 정신적 실패를 묵시하는 한편 이웃의 아픔을 진정어린 마음으로 내 것으로 만들 때 사람살이는 풍성해지고 비로소 새로운 삶의 비전이 제시될 수 있다는 사유를 설득력 있게 펼치고 있다.

그는 그 같은 시적 사유를 직설적이고 생경한 언어가 아닌 명징한 이미저리의 제시와 환기력이 풍부한 알레고리를 통하여 전개하고 있다. 양원이 이번 시집에서 보인 이 같은 시적 진전은 개인의 성과를 넘어 우리 시를 풍부하게 하는 데 일조할 것이다. 그의 시세계가 더욱 심화되어 그만의 넉넉한 진경을 보여줄 것을 기대하며 조촐한 논의를 마친다.

물과 풀에게 돌려주다

찍은날 2018년 12월 15일
펴낸날 2018년 12월 20일
지은이 양 원
펴낸이 박몽구
펴낸곳 도서출판 시와문화
주 소 (13955) 경기 안양시 동안구 경수대로 883번길 33,
103동 204호(비산동, 꿈에그린아파트)
전 화 (031)452-4992
E-mail poetpak@naver.com
등록번호 제2007-000005호 (2007년 2월 13일)

ISBN 978-89-94833-44-6(03810)

정 가 10,000원

*이 시집은 문화체육관광부, 전라남도 및 (재)전라남도문화관광재단의 보조금을 지원받아 발간되었습니다.